escola - sekolo	2
viatge - eta	5
transport - sepalangwa	8
ciutat - toropo	10
paisatge - boago jwa lefelo	14
restaurant - lefelo la go jela	17
supermercat - lebenkele	20
begudes - dino	22
menjar - dijo	23
granja - polase	27
casa - ntlo	31
sala d'estar - phaposi ya bodulo	33
cuina - boapeelo	35
bany - phaposi ya go tlhapela	38
cambra de nen - phaposi ya bana	42
roba - seaparo	44
oficina - kantoro	49
economia - ikonomi	51
oficis - maemo	53
eines - didiriswa	56
instrument de música - didirisiwa tsa mmino	57
zoo - lefelo la go bonela diphologolo	59
esports - metshameko	62
activitats - didirwa	63
família - lelapa	67
cos - mmele	68
hospital - sepetlele	72
urgència - tshoganyetso	76
terra - Lefatshe	77
rellotge - tshupanako	79
setmana - beke	80
any - ngwaga	81
formes - dipopego	83
colors - mebala	84
oposats - ganetsa	85
nombres - dipalo	88
llengües - dipuo	90
qui / què / com - mang / eng / jang	91
on - kae	92

Impressum
Verlag: BABADADA GmbH, Nedderfeld 112 , 22529 Hamburg
Geschäftsführer / Verlagsleitung: Harald Hof
Druck: Books on Demand GmbH, In de Tarpen 42, 22848 Norderstedt

Imprint
Publisher: BABADADA GmbH, Nedderfeld 112 , 22529 Hamburg, Germany
Managing Director / Publishing direction: Harald Hof
Print: Books on Demand GmbH, In de Tarpen 42, 22848 Norderstedt

escola
sekolo

dividir
kgaoganya

186/2

classe
phaphosi borutelo

tauler
boroto

pati (de l'escola)
jarata ya sekolo

professor
morutabana

paper
pampiri

escriure
kwala

estilogràfica
pene

escriptori
tafole

regle
ruler

llibre
buka

estudiant
baithuti

bossa

kgetsana ya dibuka

estoig

setsenya dipensele

llapis

pensele

maquineta de fer punta

seseta pensele

goma

sephimola

bloc de dibuix

boto ya go torowa

dibuix
....
torowa

pinzell
....
boratšhe jwa pente

capsa de pintures
....
bokose ya pente

tisores
....
dikere

cola
....
sekgomaretsi

quadern d'exercicis
....
buka ya go kwalela

deures
....
tirogae

nombre
....
palo

afegir
....
tlhakanya

sostreure
....
kgaoganya

multiplicar
....
atisa

calcular
....
khalkhuleitara

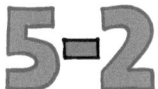

lletra
....
lekwalo

alfabet
....
alfabete

mot
....
lefoko

text
mafoko

llegir
bala

guix
choko

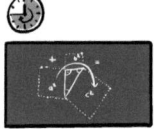

lliçó
thuto

llibre de classe
rejistara

examen
tlhatlhobo

certificat
setifikeiti

uniforme escolar
diaparo tsa sekolo

formació
thuto

enciclopèdia
encyclopedia

universitat
unibesithi

microscopi
mikoroskoupo

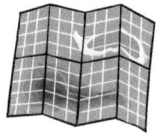

mapa
mmepe

paperera
moteme wa dipampiri

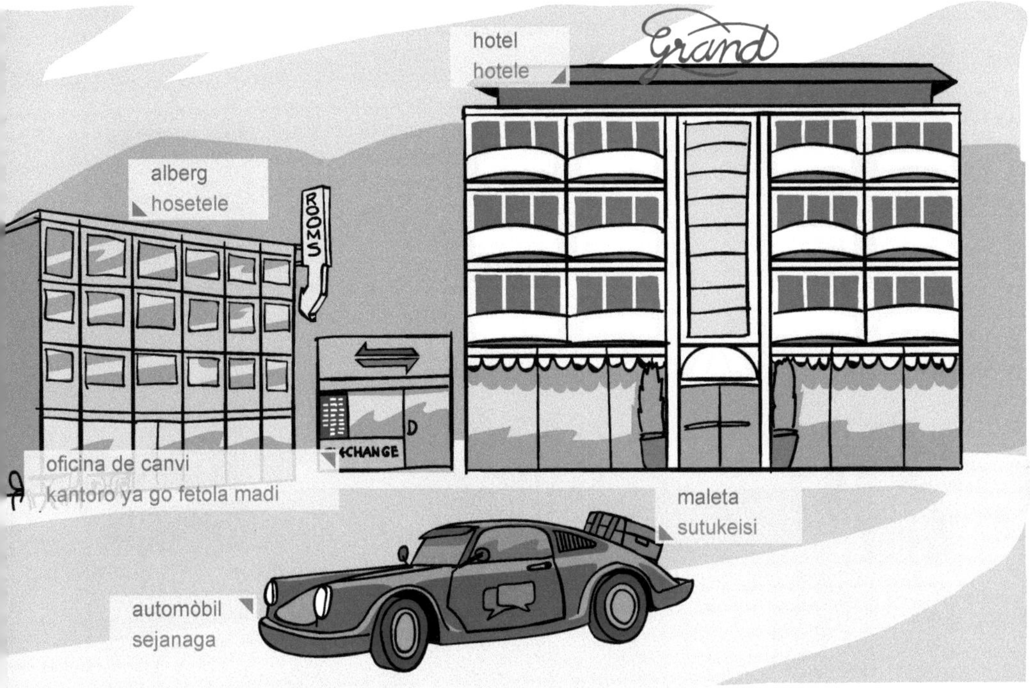

hotel
hotele
Grand
alberg
hosetele
ROOMS
EXCHANGE
oficina de canvi
kantoro ya go fetola madi
maleta
sutukeisi
automòbil
sejanaga

llengua

puo

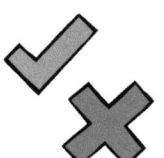

sí / no

ee / nnyaa

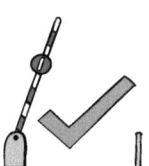

D'acord

Go siame

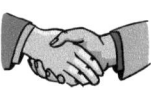

Ey!

dumela

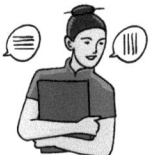

traductora

moranodi

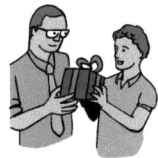

gràcies

Ke a leboga

Quant costa... ?

ke bokae...?

No entenc

ga ke tlhaloganye

problema

bothata

Bona nit!

O itumelele bosigo!

bon dia!

Dumela!

bona nit!

Robala Sentle!

fins aviat

tsamaya sentle

direcció

tsela

bagatge

dithoto

bossa

kgetsi

sarrona

kgetsi

convidat

moeng

cambra

phaposi

sac de dormir

kgetsana ya go robalela

tenda

mogope

oficina de turisme

shedimosetso ya mojanala

platja

lewatle

carta de crèdit

karata ya go tsaya sekoloto

esmorzar

sefitlholo

dinar

dijo tsa motshegare

sopar

dijo tsa maitsiboa

bitllet

tekete

ascensor

lifiti

segell

setempe

frontera

bodara

duana

dingwao

ambaixada

embassy

visat

visa

passaport

lokwalo itshupo

transport
sepalangwa

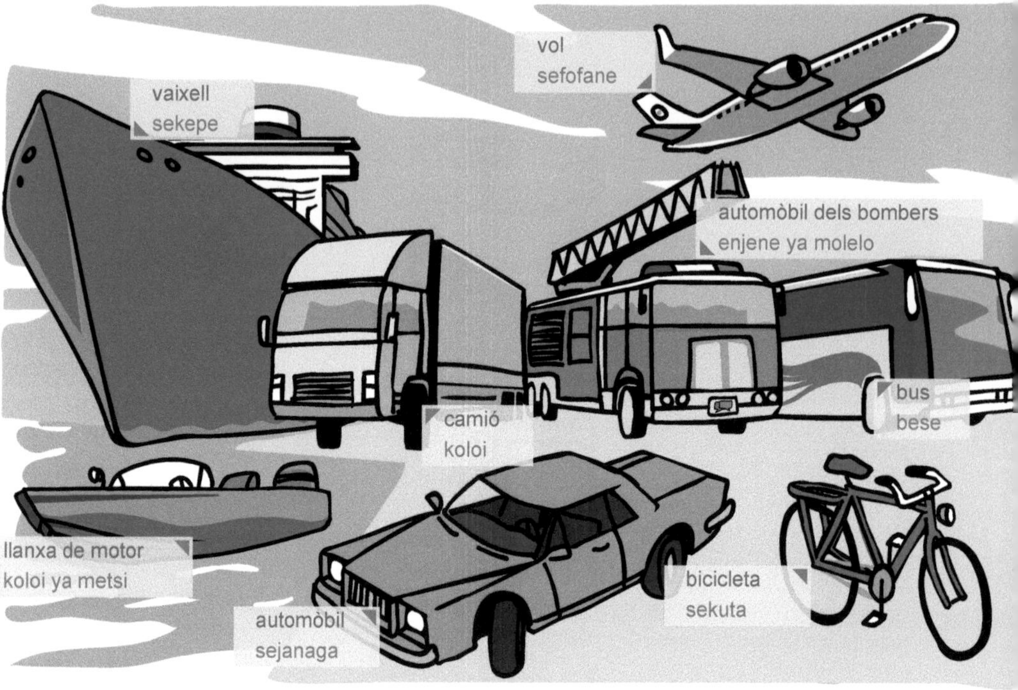
vol
sefofane
vaixell
sekepe
automòbil dels bombers
enjene ya molelo
bus
bese
camió
koloi
llanxa de motor
koloi ya metsi
bicicleta
sekuta
automòbil
sejanaga

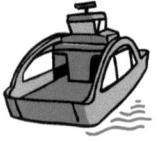

transbordador

feri

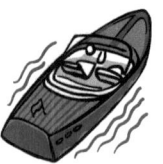

barca

sekepe

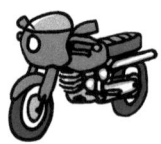

moto

sethuthuthu

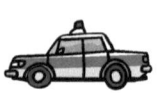

automòbil de policia

sejanaga sa mapodisa

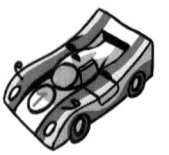

automòbil de curses

sejanaga sa lobelo

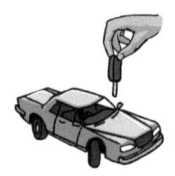

automòbil de lloguer

sejanaga se se hirilweng

vehicle compartit

aroganya sejanaga

grua

koloi e e gogang dikoloi tse
di robegileng

camió de les escombraries

koloi e e tsayang matlakala

motor

koloi

benzina

lookwane

benzineria

seteišhene sa lookwane

senyal de trànsit

letshwao la pharakano

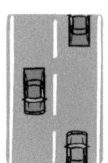

trànsit

pharakano

embús

pharakano

aparcament

lefelo la go emisa koloi

estació de trens

seteišhene sa terena

vies

mela

tren

terena

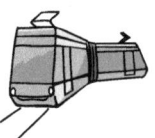

tramvia

tereme

vagó

kolotsana

helicòpter

sefofane

aeroport

boemeladifofane

torre

tora

passatger

mopalami

contenidor

sekhafothini

capsa de cartó

bokoso

carretó

karaki

cistella

basekete

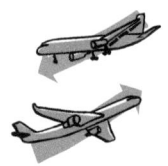

enlairar-se / aterrar

go tsamaya / go fitlha

ciutat

toropo

poble

motse

centre de la ciutat

legare la teropo

casa

ntlo

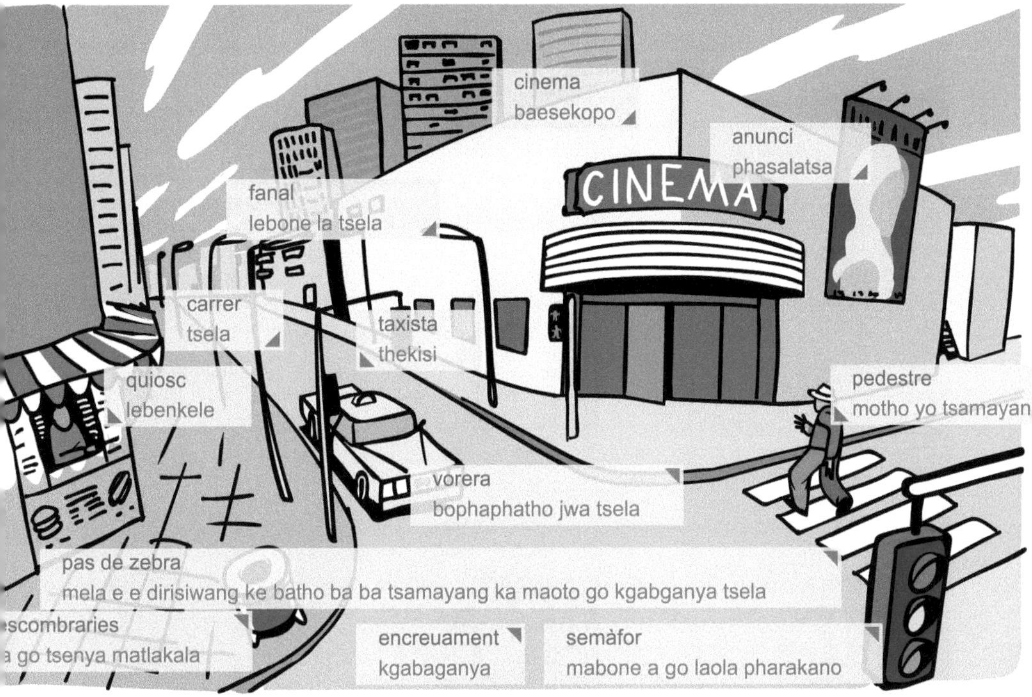

cinema
baesekopo

anunci
phasalatsa

fanal
lebone la tsela

CINEMA

carrer
tsela

taxista
thekisi

pedestre
motho yo tsamayan

quiosc
lebenkele

vorera
bophaphatho jwa tsela

pas de zebra
mela e e dirisiwang ke batho ba ba tsamayang ka maoto go kgabganya tsela

scombraries
a go tsenya matlakala

encreuament
kgabaganya

semàfor
mabone a go laola pharakano

cabana
ntlo e e ruletseng ka bojang

apartament
sephara

estació de trens
seteišhene sa terena

casa de la vila-ciutat
ntlolehalahala la toropo

museu
museamo

escola
sekolo

universitat

unibesithi

banca

banka

hospital

sepetlele

hotel

hotele

farmàcia

lefelo la melemo

oficina

kantoro

llibreria

lebenkele la dibuka

botiga

lebenkele

floristeria

batho ba ba rekisang
malomo

supermercat

lebenkele

mercat

maraka

gran magatzem

lebenkele la diaparo

peixateria

fishmongers

centre comercial

moago wa mabenkele a a
mantsi

port

boema dikepe

parc

serapa

banc

banka

pont

borogo

escala

ditepisi

metro

kwa tlase ga lefatshe

túnel

kgogometso

parada d'autobús

boemela bese

bar

bara

restaurant

lefelo la go jela

bústia de correu

lebokose la pose

senyal indicador

letshwao la tsela

parquímetre

mitara wa go emisa koloi

zoo

lefelo la go bonela
diphologolo

piscina

letlodi la go thuma

mesquita

tempele ya mamoselema

granja
polase

pol·lució
kgotlelelo

cementiri
mabitla

església
kereke

parc infantil
lefelo la go tshamekela

temple
temple

paisatge
boago jwa lefelo

fulla
setlhatsana

cartell indicador
matshwao

camí
tsela

prat
ditlhaga

pedra
letlapa

arbre
setlhare

excursionista
motho yo o tsamayang mo thabeng

riu
noka

gespa
bojang

flor
lelomo

vall

mokgatšha

muntanya

thatshana

llac

lekadiba

bosc

sekgwa

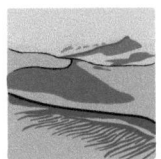

desert

sekaka

volcà

lekgwamolelo

castell

khasele

arc de Sant Martí

motshe wa badimo

bolet

leboa

palmera

mokolana

moscard

montsane

mosca

tshenekegi

formiga

tshoswane

abella

notshi

aranya

segokgo

escarabat

khukhwana

granota

segwagwa

esquirol

mosha

eriçó

noko

llebre

mmutla

òliba

morubisi

ocell

nonyane

cigne

pidipidi

senglar

dikolobe tsa naga

cervo

kgokong

ant

moose

presa

letamo

turbina

sefetlhaphefo

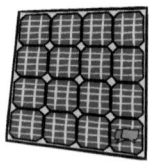

panell solar

motlakase o o dirilweng ka letsatsi

clima

loapi

restaurant
lefelo la go jela

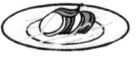

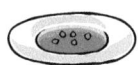

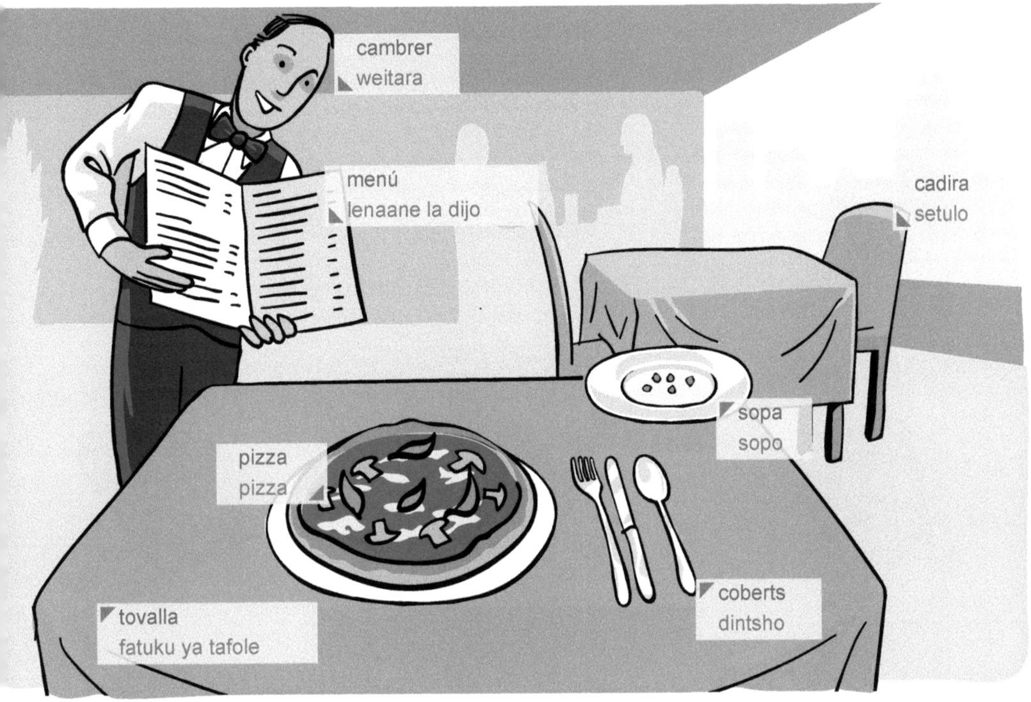

cambrer
weitara
menú
lenaane la dijo
cadira
setulo
sopa
sopo
pizza
pizza
coberts
dintsho
tovalla
fatuku ya tafole

primer plat

sejo sa ntlha

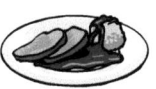

plat principal

sejo sa bobedi

darreries

dijo tse di naleng sukiri

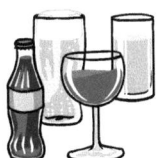

begudes

dino

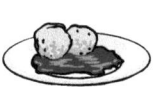

menjar

dijo

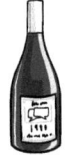

ampolla

botlolo

menjar ràpid

dijo tsa mo strateng

menjar de carrer

dijo tsa seterata

tetera

ketlele ya tee

sucrer

sejana sa go tsenya sukiri

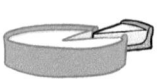

porció

karolo

màquina d'espresso

motšhini wa espresso

trona

setulo se se kwa godimo

factura

tshupamolato

plata

terei

ganivet

thipa

forqueta

forotlho

cullera

liso

cullereta

leswana

tovalló

lesela la go iphimola

got

galase

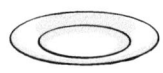

plat
poleiti

plat de sopa
poleiti ya sopo

plateret
sosara

salsa
sopo

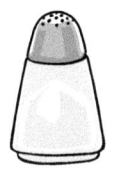

saler
sejana sa letswai

molinet de pebre
sesila pepere

vinagre
aseini

oli
oli

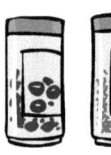

espècies
ditswaiso

quètxup
tamati souso

mostassa
masetete

maionesa
mayonaese

supermercat

lebenkele

oferta especial
sesolo se se kgethegileng
FOR
client
moreki
productes lactis
dilwana tsa mašwi
fruites
leungo
carret de la compra
teroli

BUTCHERS

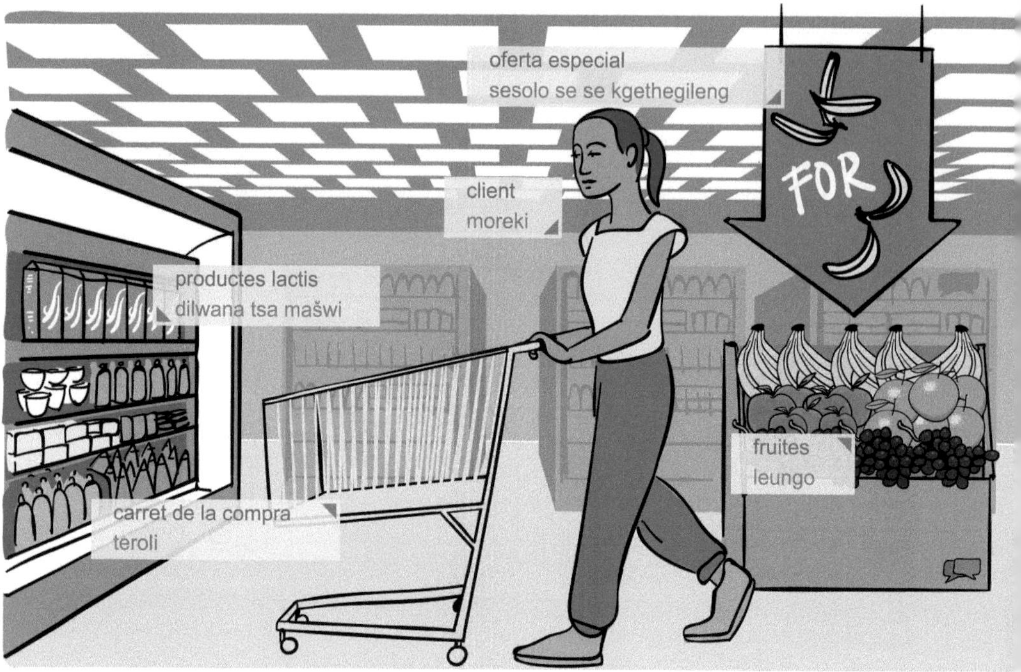

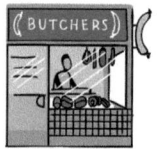

carnisseria

batho ba ba segang nama

BAKERY

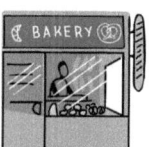

forn de pa

babaki

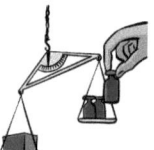

pesar

boima

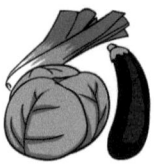

verdures

merogo

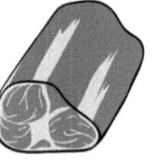

carn

nama

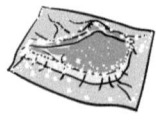

menjar congelat

dijo tse di aesitsweng

carn freda
nama e e sa tlhokeng go apewa

conserves
dijo tsa thini

detergent en pols
molora o o tlhatswang

dolços
dimonamone

articles domèstics
dilwana tsa ntlo

productes de neteja
dilwana tsa go phepafatsa

venedora
morekisi

caixa registradora
motšhini wa madi

caixera
morekisi

llista de la compra
lennane la go reka

horari d'obertura
diura tsa go bula

portamonedes
sepatšhe

carta de crèdit
karata ya go tsaya sekoloto

bossa
kgetsi

bossa de plàstic
kgetsi ya polasetiki

aigua

metsi

suc

jusi

llet

mašwi

coca-cola

khouku

vi

beine

cervesa

biri

alcohol

bojalwa

cacau

khoukhou

te

tee

cafè

kofi

espresso

esepereso

cappuccino

cappuccino

banana

panana

poma

apole

taronja

namune

síndria

legapu

llimona

surunamune

pastanaga

segwete

all

konofole

bambú

lotlhaka lwa bampuse

ceba

eie

bolet

mabowa

avellanes

manoko

fideus

di-noodles

espaguetis

sepagethi

arròs

raese

amanida

salate

patates fregides

ditšhipisi

patates fregides

ditapole tse di gadikilweng

pizza

pizza

hamburguesa

hamburger

entrepà

borotho jo bo tlapisitsweng

escalopa

nama e e gadikilweng

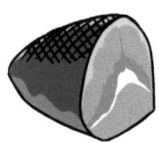

cuixot

nama ya kolobe

salami

salami

salsitxa

boroso

pollastre

koko

rostit

gadika

peix

tlhapi

flocs de civada

bogobe jwa outse

musli

muesli

cereals

cornflakes

farina

bupi

croissant

croissante

panet

banse

pa

borotho

torrada

borotho jo bo besitsweng

bescuits

bisikiti

mantega

botoro

mató

tšhisi

pastís

kuku

ou

lee

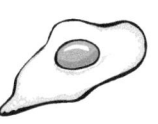

ou fregit

lee le le gadikilweng

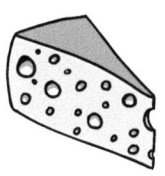

formatge

kase

gelat

aesekirimi

sucre

sukiri

mel

mamepe a dinotshe

melmelada

jeme

crema de xocolata

chokolete e e tshasiwang

curri

khari

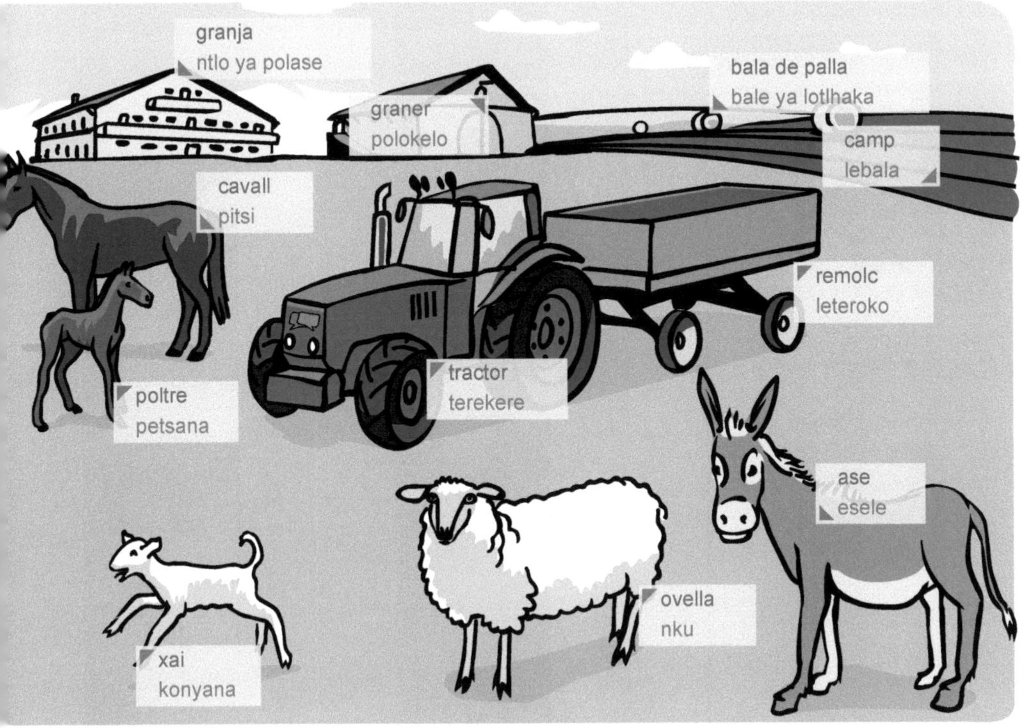

granja
ntlo ya polase

bala de palla
bale ya lotlhaka

graner
polokelo

camp
lebala

cavall
pitsi

remolc
leteroko

tractor
terekere

poltre
petsana

ase
esele

xai
konyana

ovella
nku

cabra

pudi

vaca

kgomo

vedella

namane

porc

kolobe

garrí

kolojane

bou

poo

oca
ganse

ànec
pidipidi

poll
kokwanyana

gall
mokoko

gallina
mokoko

rata
peba

gat
katse

ratolí
peba

bou
kgomo

gos
ntša

gossera
ntlo ya ntša

mànega de regar
lethompo la tshingwana

regadora
tanka ya go nosetsa

dalla
disekele tsa tshipi

arada
lema

falç
disekele

aixada
setlhagola

forca
foroko ya go peta

destral
selepe

carretó
kiribae

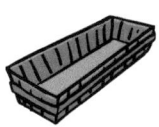

abeurador
bonwelo

lletera
mašwi a a moteng ga moteme

sac
kgetsana

tanca
legora

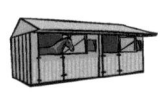

establa
tsepame

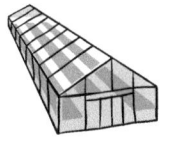

hivernacle
lefelo la go godisa dijalo

sòl
mmu

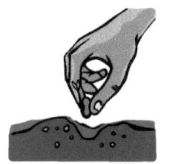

llavor
peo

adob
menyoro

collidora
thobo e e kopaneng

collir
thobo

collita
thobo

nyam
di-yam

blat
korong

soja
soya

patata
tapole

blat de moro o d'indi
korong

colza
disonobolomo

arbre fruiter
setlhare sa maungo

mandioca
cassava

cereals
dijo tsa phakela

fumera
sentshamosi

teulada
marulelo

canaló
peipe ya deraine

finestra
letlhabaphefo

garatge
karaje

campana
bele ya setswalo

porta
lebati

galleda de les escombraries
motene wa matlakala

bústia de correu
lebokose la dikwalo

jardí
tshingwana

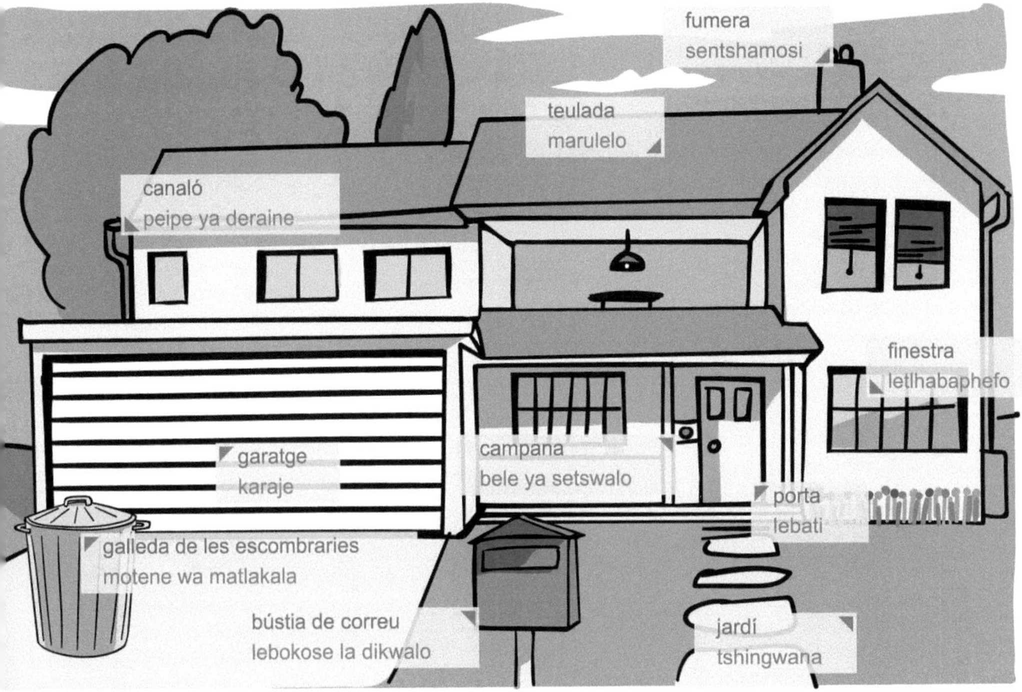

sala d'estar

phaposi ya bodulo

bany

phaposi ya go tlhapela

cuina

boapeelo

cambra de dormir

phaposi ya borobalo

cambra de nen

phaposi ya bana

menjador

phaposi ya bojelo

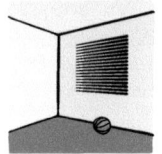

sòl
mo fatshe

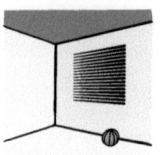

paret
lebota

sostre
siling

soterrani
mabolokelo

sauna
se futhumatsa mmele

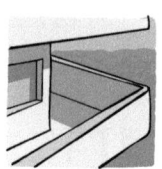

balcó
mokatako

terrassa
mokgekolosa

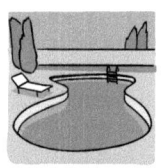

piscina
makadiba

tallagespa
sedirisiwa sa go sega
bojang

vànova
lakane

cobrellit
kobo

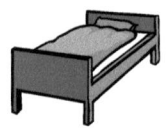

llit
bolao

escombra
lefielo

galleda
kgamelo

interruptor
switch

sala d'estar

phaposi ya bodulo

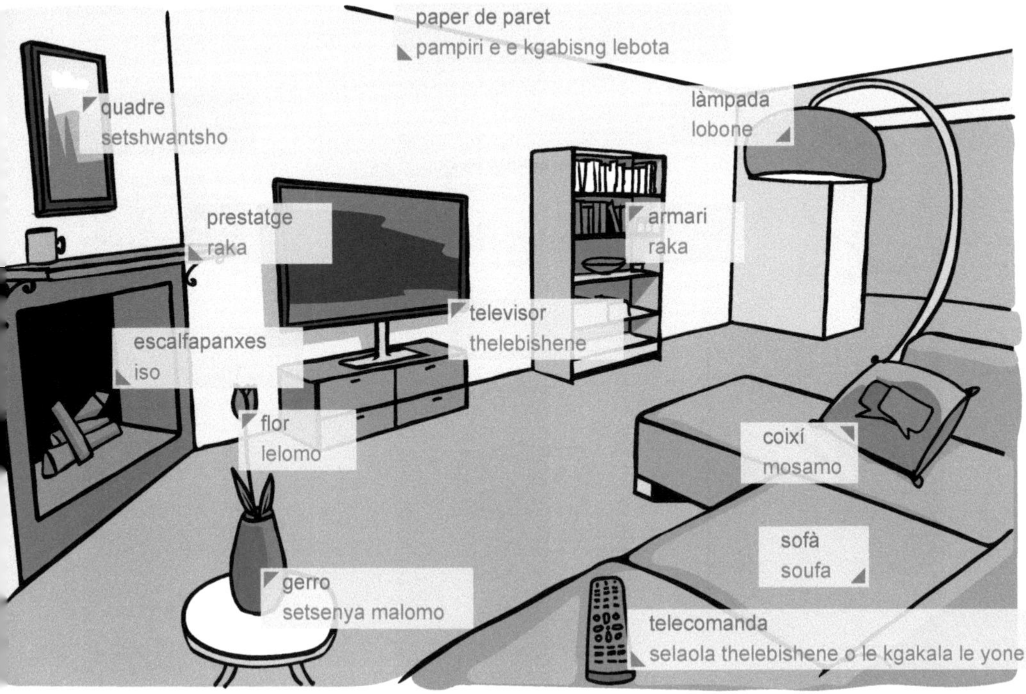
paper de paret
pampiri e e kgabisng lebota
quadre
setshwantsho
làmpada
lobone
prestatge
raka
armari
raka
televisor
thelebishene
escalfapanxes
iso
flor
lelomo
coixí
mosamo
sofà
soufa
gerro
setsenya malomo
telecomanda
selaola thelebishene o le kgakala le yone

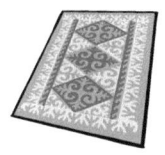

catifa

mmetshe

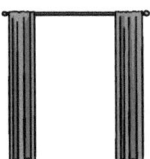

cortina

garetene

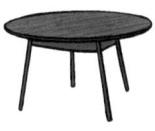

taula

tafole

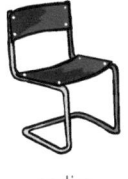

cadira

setulo

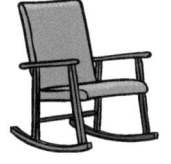

cadira gronxadora

setulo se se binang

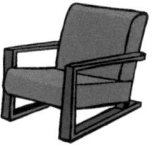

cadiral

setulo se se naleng boikego

llibre

buka

llençol

kobo

decoració

mokgabiso

llenya

dikgong tsa molelo

film

filimi

cadena de música

hi-fi ya go letsa

clau

selotlolo

diari

lokwalodikgang

pintura

setshwantsho se se
dirilweng ka pente

cartell

pampiri ya go phasalatsa

ràdio

seyalemowa

bloc de notes

buka ya dintla

aspiradora

huvara

cactus

motoroko

candela

kerese

cuina
boapeelo

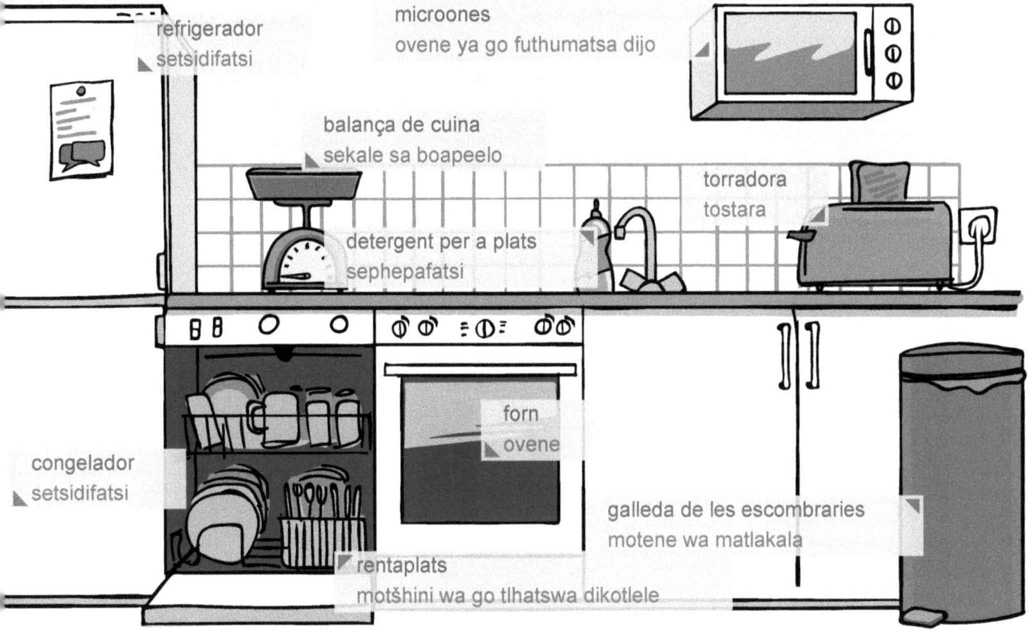

refrigerador
setsidifatsi
microones
ovene ya go futhumatsa dijo
balança de cuina
sekale sa boapeelo
torradora
tostara
detergent per a plats
sephepafatsi
forn
ovene
congelador
setsidifatsi
galleda de les escombraries
motene wa matlakala
rentaplats
motšhini wa go tlhatswa dikotlele

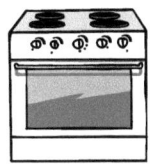

cuina de fogons

moapei

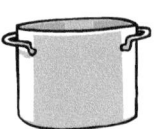

olla

pitsa

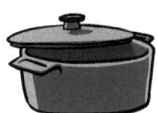

olla de ferro colat

pitsa ya tshipi

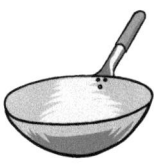

wok / karahi

wok / kadai

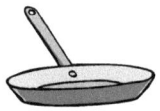

paella

pane

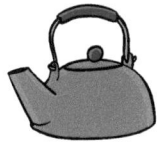

bullidor

ketlele

olla de vapor

sefuthumatsi

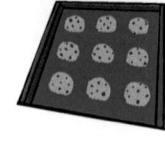

plata de forn

terei ya go baka

vaixella

dintsho

tassa grossa

kopi

bol

sejana

bastonets xinesos

thobane ya go rema

culler

thoka

espàtula

sepatšhula

batedor

wiskara

colador

setereinara

sedàs

setlhotlhi

ratllador

greitara

morter

kika

barbacoa

nama ya kgomo

foc a terra

molelo o o mopepeneneg

taula de tallar

boroto ya go segela

corró

rolara

llevataps

sebula dibotlolo tsa beine

pot de conserva

moteme

obridor

sebula moteme

agafador

setshwari sa pitsa

aigüera

sinki

raspall

boratšhe

esponja

sepontšhe

batedora

setlhakanya dijo / maungo

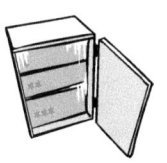

congelador

setsidifatsi

biberó

botlole ya ngwana

aixeta

tepe

bany

phaposi ya go tlhapela

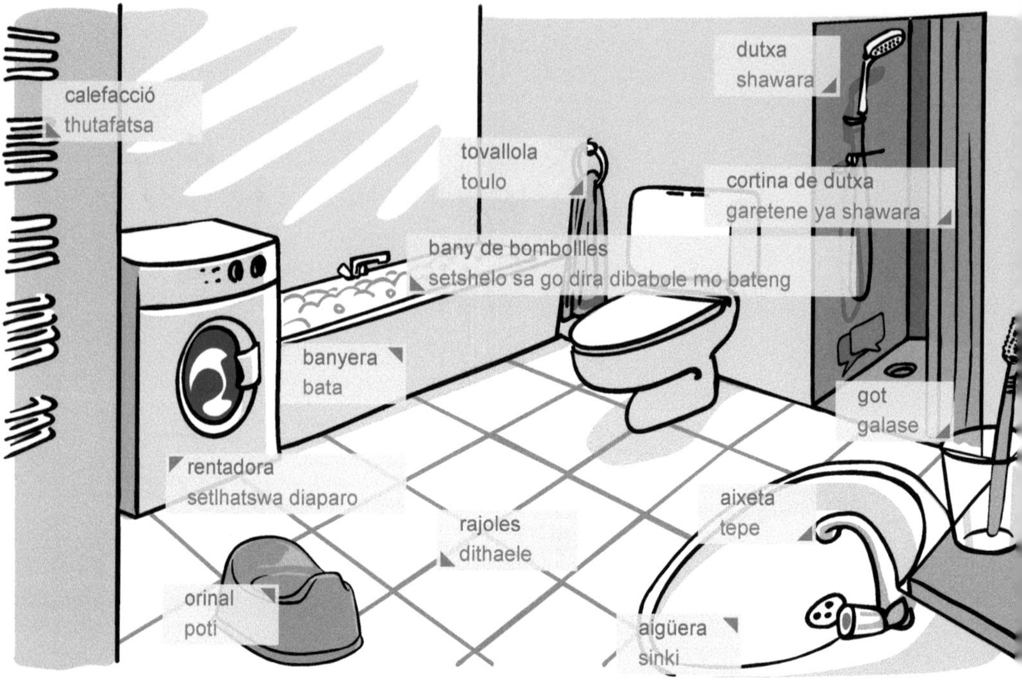

calefacció
thutafatsa
tovallola
toulo
dutxa
shawara
cortina de dutxa
garetene ya shawara
bany de bombollles
setshelo sa go dira dibabole mo bateng
banyera
bata
got
galase
rentadora
setlhatswa diaparo
aixeta
tepe
rajoles
dithaele
orinal
poti
aigüera
sinki

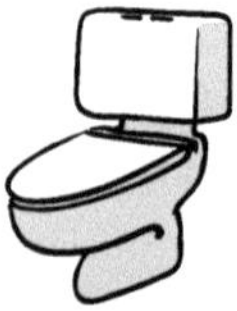

lavabo

ntlwana

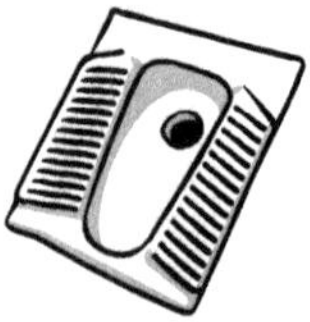

lavabo turc

ntlwana ya go kotama

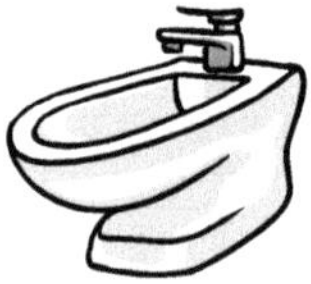

bidet

bidete

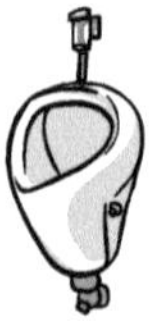

orinador

moroto

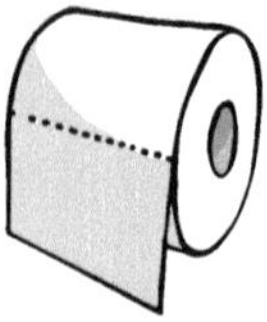

paper higiènic

pampiri ya boithomelo

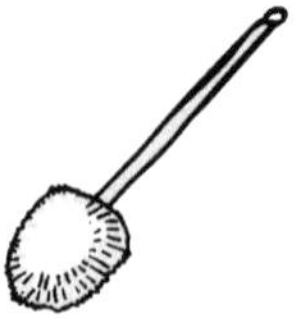

escombreta de sanitari

boratšhe jwa ntlwana

raspall de dents

boratšhe jwa meno

pasta de dents

sesepa sa meno

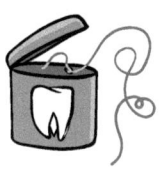

fil dental

tlhale ya go phepafatsa meno

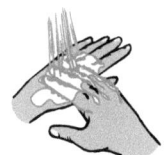

rentar

tlhatswa

pom de dutxa

shawara ya go itshwarela

dutxa íntima

senkgisa monate

rentamans

beisini

raspall per a l'esquena

boratšhe jwa mokwatla

sabó

sesepa

gel de dutxa

jele ya shawara

xampú

setlhapisa moriri

manyopla de bany

folanele

bonera

mosele

crema

setlolo

desodorant

senkgamonate

mirall

seipone

mirall-espill de mà

seipone sa go itshwarela

maquineta de rasar

legare

espuma de barbejar

foumu ya go ntsha moriri

loció post-rasada

foumu ya fa o fetsa go
ntsha moriri

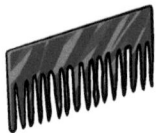

pinta

kama

raspall

boratšhe

eixugador

seomisa moriri

laca

seporei sa moriri

maquillatge

seitlole sa sefatlhego

pintallavis

setlolo sa molomo

esmalt d'ungles

pente ya dinala

cotó

boboa

tallaungles

sekere sa dinala

perfum

leokwane le le nkgang
monate

estoig de bellesa

kgetsana ya go tlhatswa

tamboret

setulo

bàscula

sekale sa go lekanya

barnús

seaparo sa botlhapelo

guants de goma

ditlelafo tsa rekere

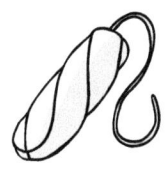

compresa higiènica

tempone

compresa

sedirisiwa sa basadi ba ba
mo kgweding

sanitari químic

ntlwana ya khemikhale

cambra de nen
phaposi ya bana

despertador
tshupanako ya alamo
animal de peluix
mpopi wa go tlamparela
auto de joguina
koloi e e tshamekang
sonall
setšhakgatšhakga
casa de nines
ntlo ya dipompi
present
poresente

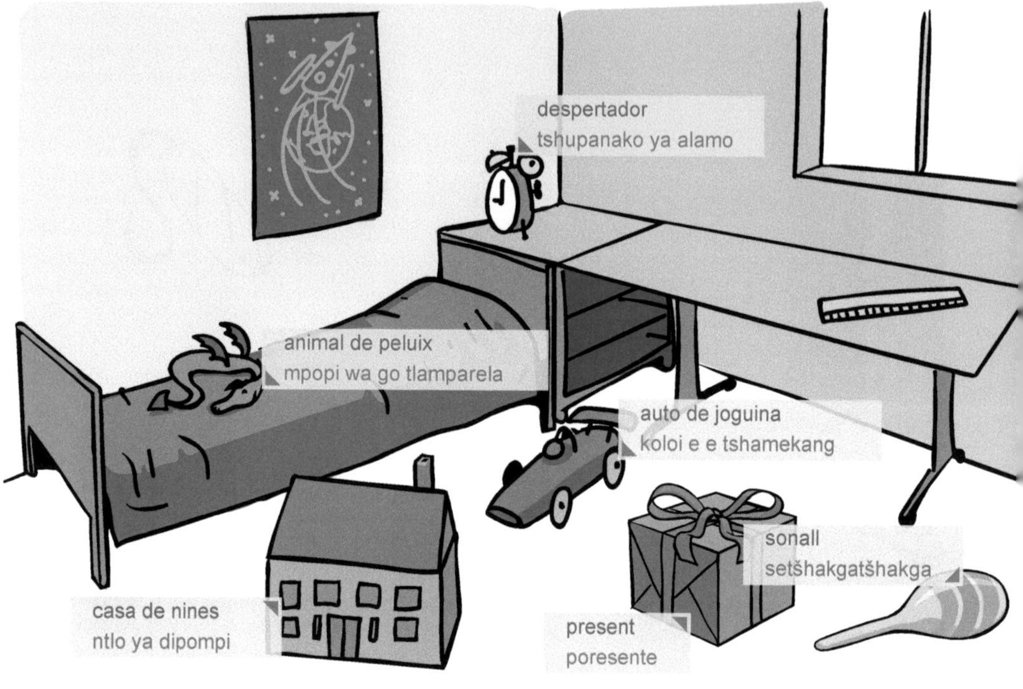

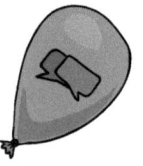

baló
baluni

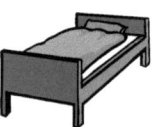

llit
bolao

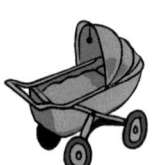

cotxet per a nens
porema

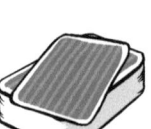

joc de cartes
deck of cards

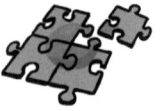

trencaclosca
saga ya motlakase

SUPER MEGA

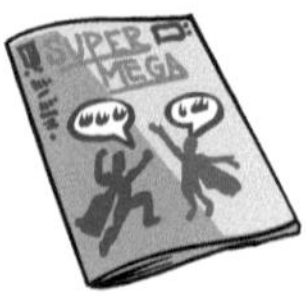

historieta
buka ya ditshegisi

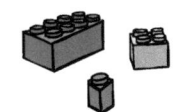

peces de lego

matlapa a go tshameka

peces de construcció

diboloko tse di tshamekang

ninot d'acció

setshwantsho sa motho

granota

seaparo sa lesea

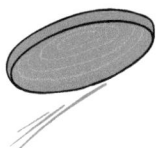

frisbee

Frisbee

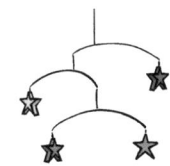

mòbil per a bressol

selo sa go letsa mmino mo
ditsebeng

joc de taula

motshameko wa boroto

daus

daese

tren elèctric

terena

xumet

tami

festa

moletlo

llibre de dibuixos

buka ya ditshwantsho

pilota

bolo

nina

mpopi

jugar

tshameka

sorrera

lebala le le naleng santa

gronxador

moswinki

joguines

ditshamekisi tsa bana

consola de jocs de vídeo

motshameko wa dibidio

tricicle

baesekele ya maotwana a a mararo

osset de peluix

bera e e diretsweng go tshamekisa bana

armari

raka ya go baya diaparo

roba

seaparo

mitjons

dikausu

mitges

dikausu tsa basadi

mitja pantaló

dithaetse

tapacoll
sekhafo

cintura
lebante

paraigua
sekhukhu

camiseta
sekipa

sabates d'esport
diteki

botes
dibutshi

plantofes
disilipara

sandàlies
dimphatšhane

sabates
ditlhako

botes de goma
dibutshi tsa rekere

calçonets
borukgwe jwa kwateng

sostenidor
boraa

guardapits
besete

jjustacòs
mmele

pantalons
borukgwe

jeans
bokate

faldeta
sekete

brusa
bolaose

camisa
hempe

jersei
jeresi e e senang matsogo

dessuadora
jakete e e enaleng hutshe

blazer
boleisara

jaqueta
jakete

mantell
jase

impermeable
jase ya pula

vestit de dona
khosetjhumo

vestit de dona
mosese

vestit de núvia
mosese wa lenyalo

vestit d'home
....
sutu

camisa de dormir
....
seaparo sa bosigo

pijama
....
diaparo tsa go robala

sari
....
sari

mocador de cap
....
sekhafa sa tlhogo

turbant
....
turban

burca
....
burqa

caftan
....
kaftan

abaia
....
abaya

vestit de bany
....
seaparo sa go thuma

calçon(et)s de bany
....
diteranka

pantalons curts
....
borukgwe jo bo khutshwane

xandall
....
terekesutu

davantal
....
seaparo sa go phephafatsa

guants
....
ditlelafo

botó

talama

ulleres

diborele

braçalet

sebaga

collaret

sebaga sa mo thamong

anell

palamonwana

orellera

lengena

casquet

kepisi

penjador

sepega baki

capell

hutshe

corbata

tae

cremallera

zepe

casc

hutshe ya sethuthuthu

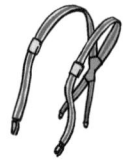

elàstics

ditrata tsa meno

uniforme escolar

diaparo tsa sekolo

uniforme

diaparo tsa mmereko /
diaparo tsa sekolo

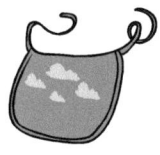

pitet

bebe

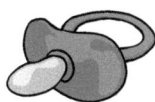

xumet

tami

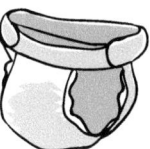

bolquer

mongato

oficina

kantoro

servidor
server
armari arxivador
lekase la difaele
impressora
segatisi
paper
pampiri
monitor
monithara
escriptori
tafole
ratolí
maose
arxivador
fouldara
teclat
khiboto
paperera
moteme wa dipampiri
ordinador
khomputara
cadira
setulo

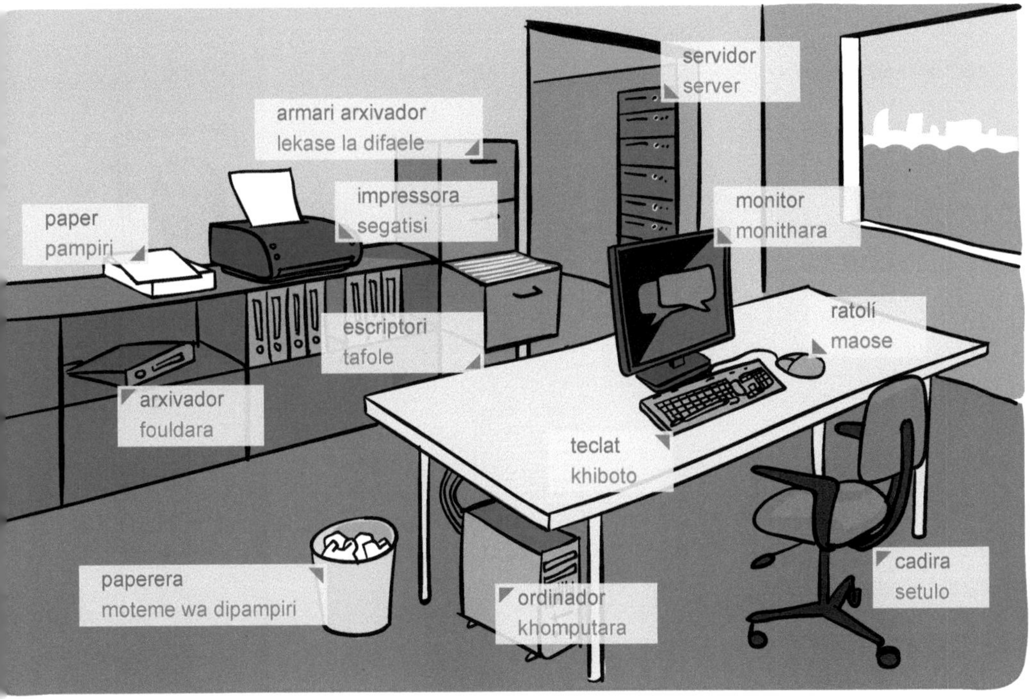

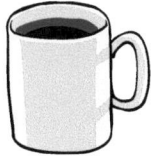

tassa de cafè

kopi

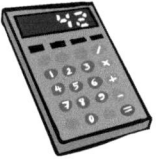

calculadora

khalkhuleitara

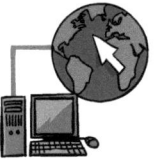

Internet

inthanete

ordinador portàtil

lapothopo

lletra

lekwalo

missatge

molaetsa

mòbil

mogala wa letheka

xarxa

kgolagano ya megala

fotocopiadora

segatisa dipampiri

programari

software

telèfon

mogala

presa de corrent

sokete ya polaka

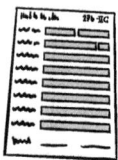

fax

motšhini wa fekese

formulari

foromo

document

setlankana

comprar

reka

pagar

patela

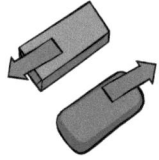

comerciar

rekisa

diners

madi / tšhelete

dòlar

dolara

euro

euro

ien

yen

ruble

roubele

franc suís

swiss franc

renminbi

renminbi yuan

rupia

rupee

caixa automàtica

lefelo la madi

oficina de canvi

kantoro ya go fetola madi

or

gauta

argent

selefera

petroli

oli

energia

maatla

preu

tlhwatlhwa

contracte

konteraka

impost

lekgetho

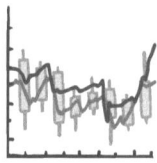

acció

setoko

treballar

dira

treballador

mothapiwa

empresari

mothapi

fàbrica

bodirelo

botiga

lebenkele

oficial de policia
lepodisi

bomber
motimamolelo

cuiner
moapei

doctora
ngaka

pilot
mokgweetsi wa sefofane

jardiner

ratshingwana

fuster

mmetli wa dikgong

costurera

moroki

jutge

moatlhodi

química

moitse wa melemo

actor

modiragatsi

conductor d'autobús

mokgweetsi wa bese

taxista

mokgweetsi wa tekisi

pescador

motshwari wa ditlhapi

dona de la neteja

Mme yo o phepafatsang

ensostrador

moruledi

cambrer

weitara

caçador

motsumi

pintor

motaki

forner

mmesi wa senkgwe

electricista

ramotlakase

obrer de la construcció

moagi

enginyer

moenjenere

carnisser

mosegi wa nama

llanterner

motsenyi wa diphaepe tsa metsi

correu

motsamaisa poso

soldat

leshole

arquitecte

modiri wa dipolane

caixera

morekisi

florista

morekisi wa malomo

perruquer

mokgabisamoriri

revisor

kondactara

mecànic

mokheneke

capità

mokapeteine

dentista

ngaka ya meno

científic

Rasaense

rabí

moruti

imam

imam

monjo

moitlami

capellà

moruti

eines
didiriswa

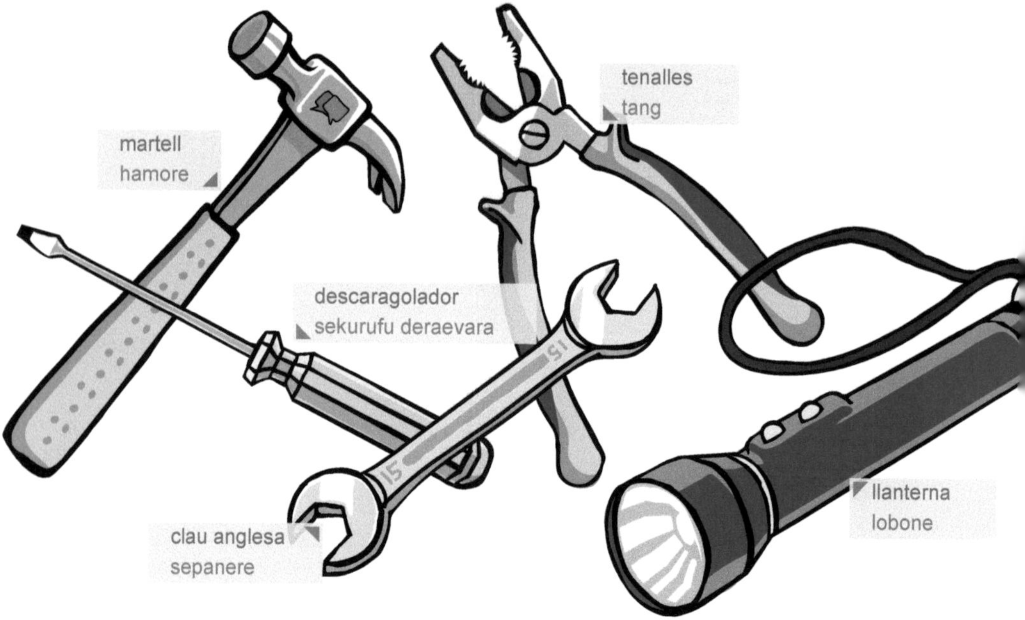
martell
hamore
tenalles
tang
descaragolador
sekurufu deraevara
clau anglesa
sepanere
llanterna
lobone

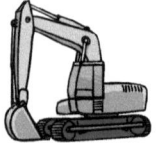

excavadora
moepi

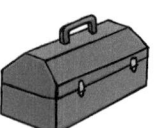

caixa d'eines
bokoso ya didirisiwa

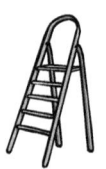

escala
lere

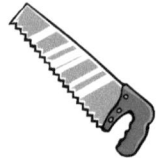

serra
saga

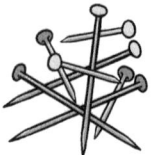

claus
dipekere

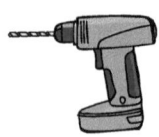

trepant
sebori

reparar
baakanya

pala
garawe

Maleït siga!
ijaa!

pala
seolela matlakala

pot de pintura
pitsa ya pente

caragols
sekurufu

instrument de música
didirisiwa tsa mmino

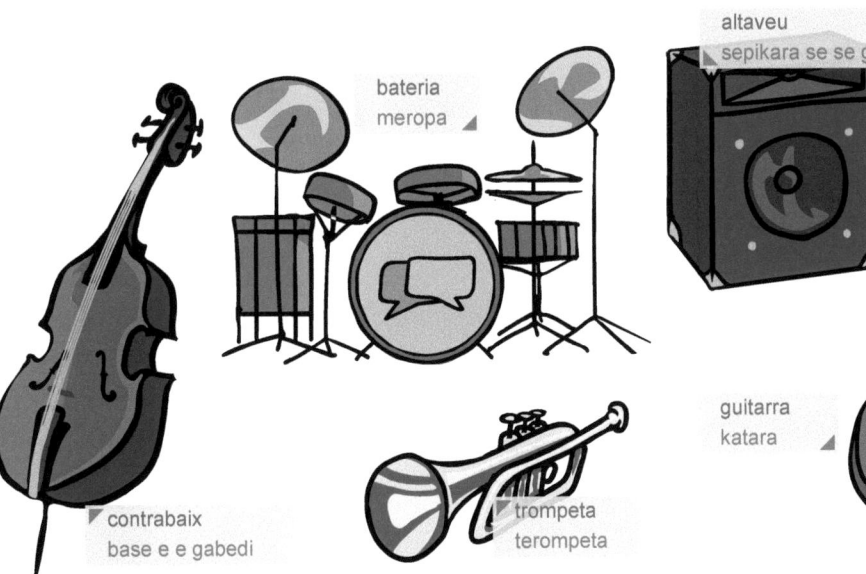

bateria
meropa

altaveu
sepikara se se goelang ko godim

contrabaix
base e e gabedi

trompeta
terompeta

guitarra
katara

piano
piano

violí
bayolini

baix
base

timbal
timpane

tambor
meropa

teclat
khiboto

saxofon
sekesofone

flauta
phala

micròfon
sebuela godimo

zoo
lefelo la go bonela diphologolo

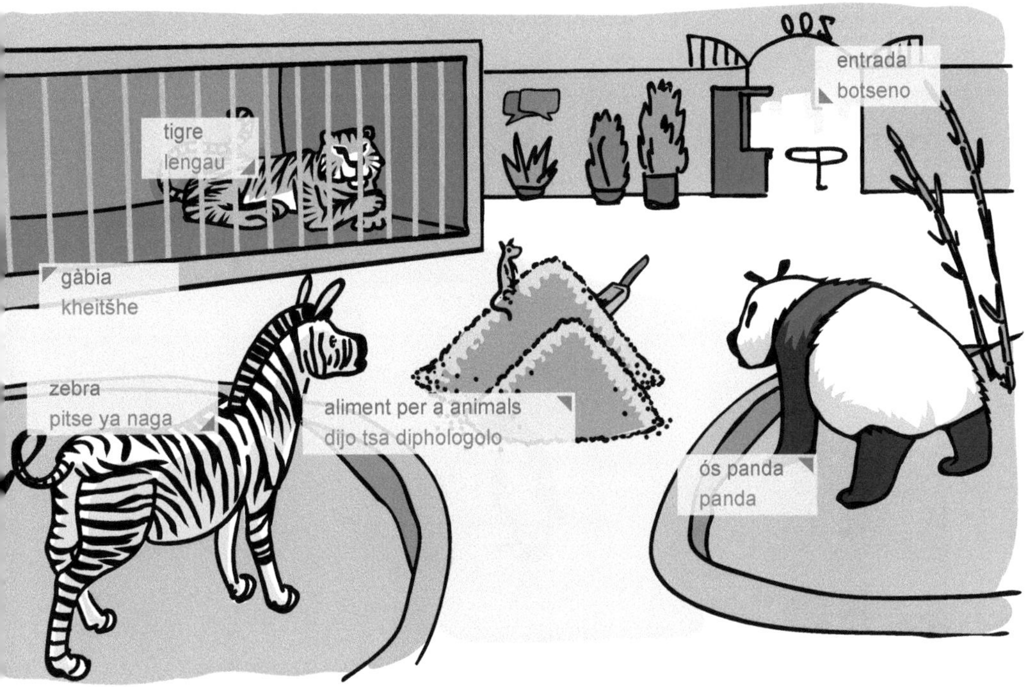

zoo
entrada
botseno
tigre
lengau
gàbia
kheitšhe
zebra
pitse ya naga
aliment per a animals
dijo tsa diphologolo
ós panda
panda

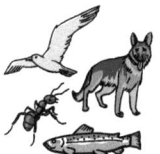

animals
diphologolo

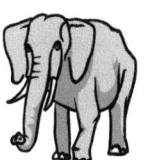

elefant
tlou

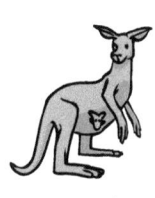

cangurú
dikhankaruu

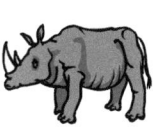

rinoceront
tshukudu

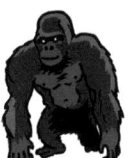

goril·la
tshweni

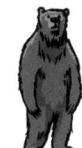

ós
bera

camell

kamela

estruç

kalakune

lleó

tau

simi

tshwene

flamenc

flamingo

papagai

papalagae

ós polar

bera e e dulang ko lefelong
le le tsididi thata

pingüí

nonyane tsa lewatle

ca mari

leruarua

paó

phikoko

serp

noga

cocodril

kwena

guardià del zoo

motlhokomedi wa
diphologolo

foca

sili

jaguar

katse

poni
petsana

lleopard
lengau

hipopòtam
tshukudu

girafa
thutlwa

àliga
ntsu

senglar
dikolobe tsa naga

peix
tlhapi

tortuga
khudu

morsa
walrus

guineu
ntja ya naga

gasela
tshephe

futbol americà
kgwele ya dinao ya Amerika

ciclisme
motshameko wa baesekele

tenis
tenese

bàsquet
baseketebolo

natació
thuma

boxa
motshameko wa go lwa ka diatla

hoquei sobre gel
hockey ya mo aeseng

futbol americà
kgwele ya dinao

bàdminton
badminthone

atletisme
atletiki

handbol
kgwele ya diatla

esquí
skiing

polo
polo

activitats
didirwa

saltar
tlola
abraçar
tlamparela
riure
tshega
anar
tsamaya
cantar
opela
somiar
lora
pregar
rapela
fer un petó
atla

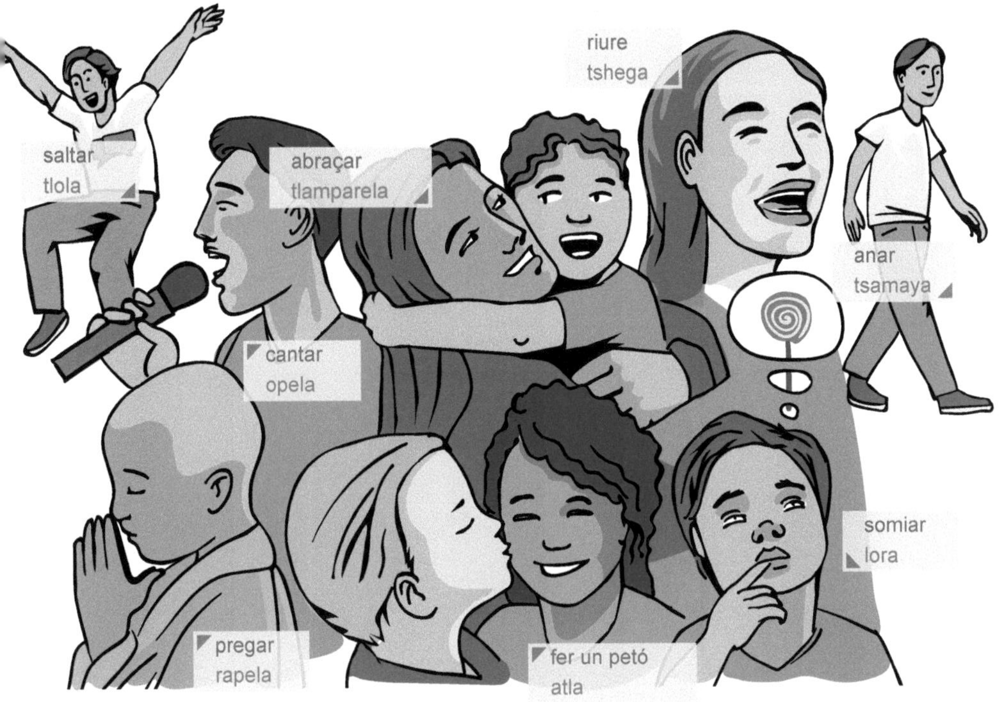

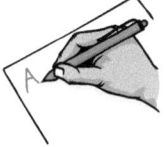

escriure

kwala

dibuixar

torowa

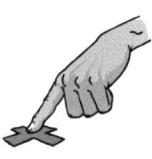

mostrar

bontsha

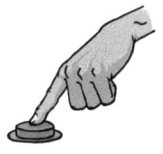

pitjar

kgorometsa

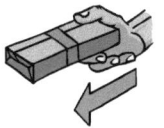

donar

naya

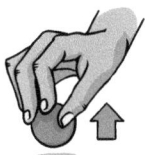

prendre

tsaya

tenir

go nna

fer

dira

ésser

nna

estar dret

ema

córrer

taboga

estirar

goga

llançar

latlha

caure

wa

jeure

maaka

esperar

ema

portar

tsholetsa

asseure's

dula

vestir-se

apara

dormir

robala

despertar-se

tsoga

mirar

leba

plorar

lela

amoixar

thuma ka lemorago

pentinar

kama

parlar

bua

comprendre

tlhaloganya

demanar

botsa

escoltar

reetsa

beure

nwa

menjar

ja

endreçar

phepafatsa

estimar

lorato

cuinar

apaya

conduir

kgweetsa

volar

fofa

activitats - didirwa

navegar

seila

calcular

khalkhuleitara

llegir

bala

aprendre

ithute

treballar

dira

casar-se

nyala

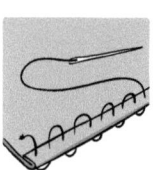

cosir

roka

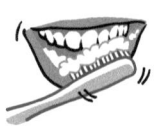

raspallar-se les dents

tlhapa meno

matar

bolaya

fumar

tsuba

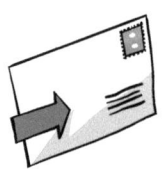

enviar

romela

família
lelapa

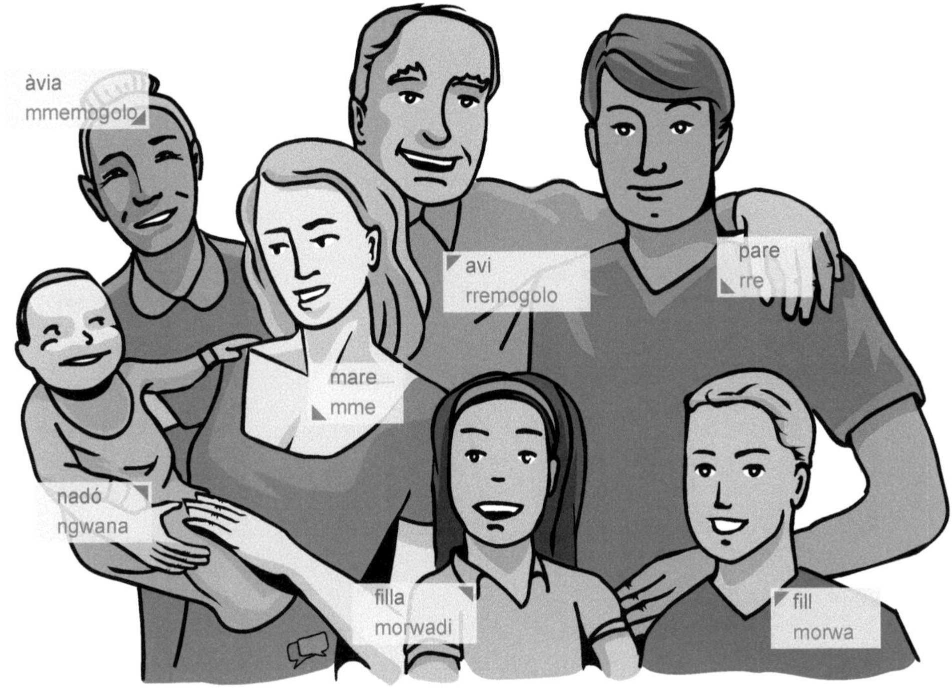

àvia
mmemogolo
avi
rremogolo
pare
rre
mare
mme
nadó
ngwana
filla
morwadi
fill
morwa

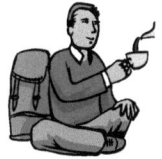

convidat

moeng

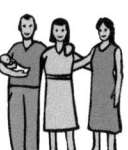

tia

mmangwane

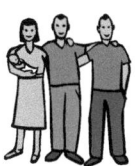

oncle

malome

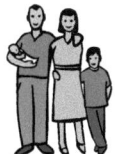

germà

abuti

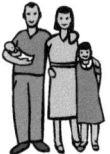

germana

ausi

cos

mmele

front
phatlha
ull
leitlho
espatlla
legetla
dit
monwana
cara
sefatlhego
barbeta
seledu
mà
seatla
cama
leoto
pit
letsele
braç
letsogo

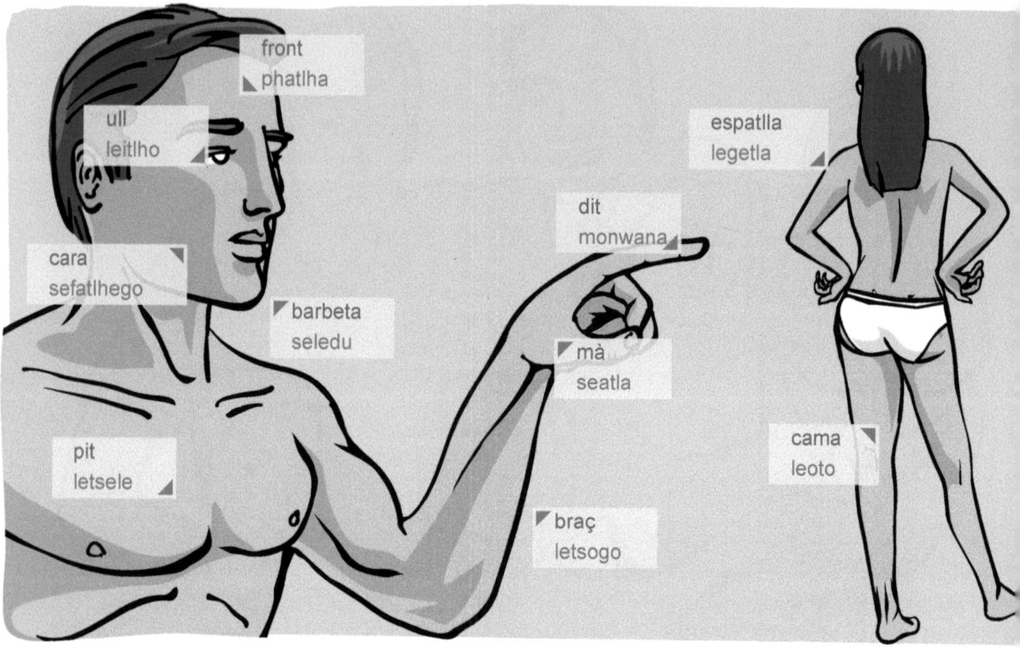

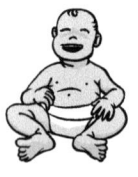

nadó

ngwana

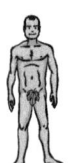

home

monna

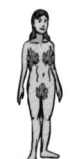

dona

mosadi

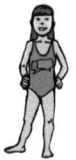

noia

mosetsana

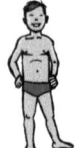

noi

mosimane

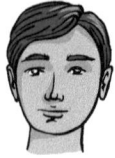

cap

tlhogo

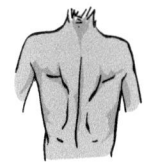

esquena

mokwatla

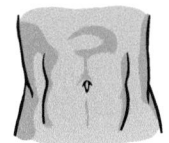

panxa

mpa

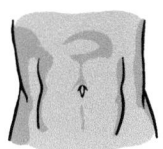

melic

khubu

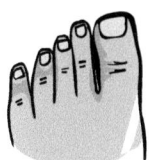

dit gros del peu

monwana

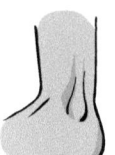

taló

serethe

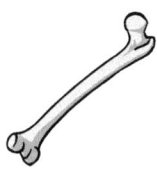

os

lerapo

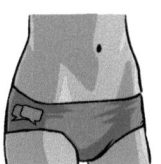

maluc

letheka

genoll

lengole

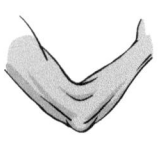

colze

sekgono

nas

nko

cul

ko tlase

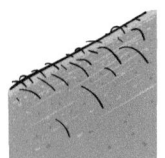

pell

letlalo

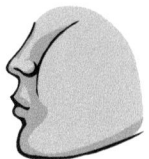

galta

lerama

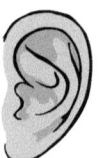

orella

tsebe

llavi

pounama

boca

molomo

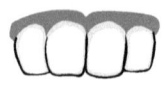

dent

leino

llengua

loleme

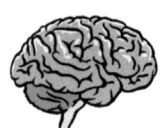

cervell

boboko

cor

pelo

múscul

maatla

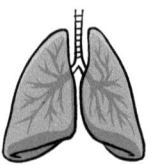

pulmó

lekgwafo

fetge

sebete

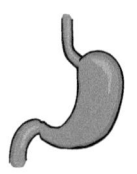

estómac

mala

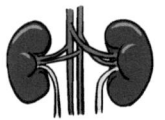

ronyó

diphio

relació sexual

bong

preservatiu

mosomelwana

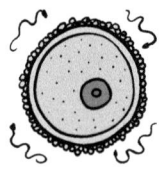

ovari

sebelegi sa ngwana

semen

semen

prenyat

moimana

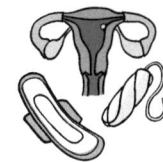

menstruació

dinako tsa go tla ka kgwedi
tsa basadi

vagina

serwe sa mosadi

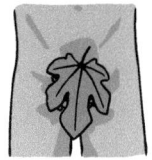

penis

serwe sa monna

cella

dintshi

cabells

moriri

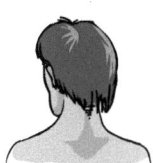

coll

thamo

hospital
sepetlele

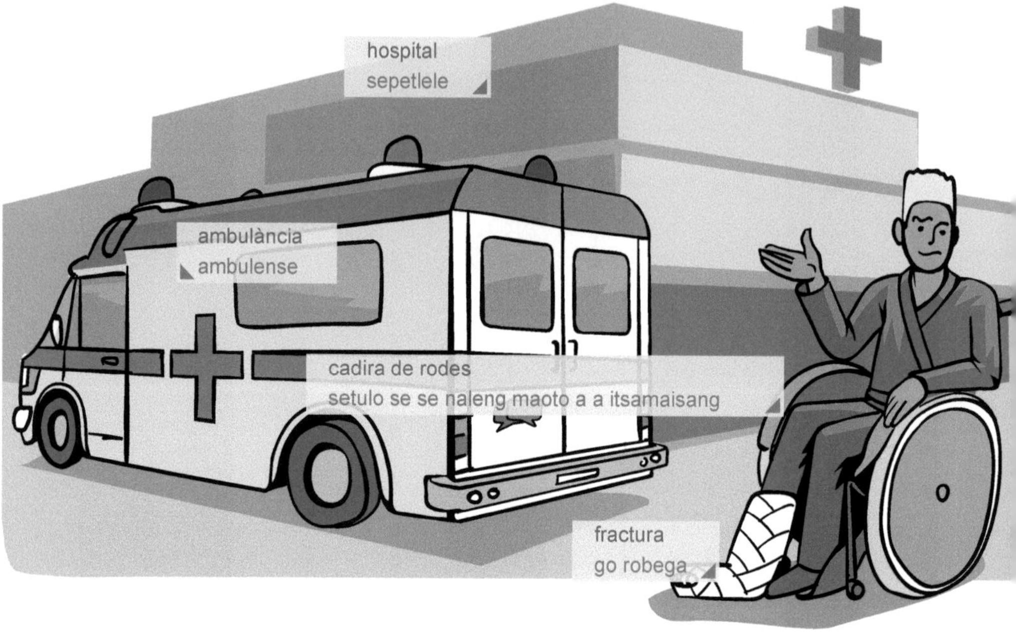

hospital
sepetlele
ambulància
ambulense
cadira de rodes
setulo se se naleng maoto a a itsamaisang
fractura
go robega

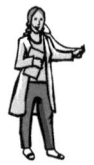

doctora
ngaka

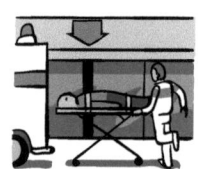

sala d'urgències
phaphosi ya tshoganyetso

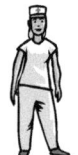

infermera
mooki

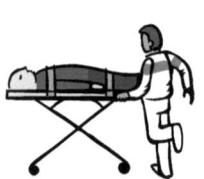

urgència
tshoganyetso

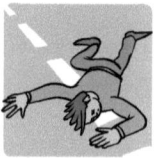

inconscient
idibala

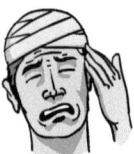

dolor
setlhabi

ferida
kgobalo

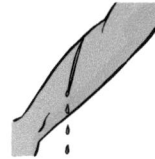

sagnament
go dutla madi

atac de cor
tlhaselo ya pelo

apoplexia
setorouko

al·lèrgia
bolwetsi

tos
go gotlhola

febre
fulu

gripa
fulu

diarrea
letshololo

mal de cap
opiwa ke tlhogo

càncer
kankere

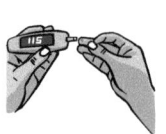

diabetis
sukiri ya mmele

cirurgià
moari

escalpel
sekalepele

operació
karo

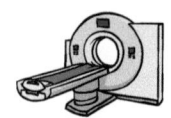

tomografia computada (TC), TAC
....
CT

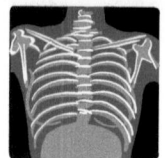

raigs x
....
x-ray

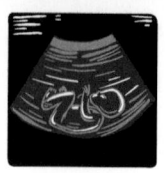

ultrasò
....
motšhini wa go leba mo mpeng

mascareta
....
sesira sefatlhego

malaltia
....
twatsi

sala d'espera
....
phaposi boletelo

crossa
....
dithobane

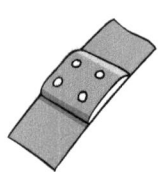

tireta
....
polasetara

embenat
....
sefapho

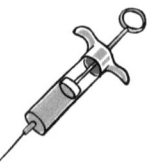

injecció
....
lemao

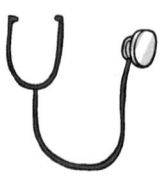

estetoscopi
....
setetosekoupu

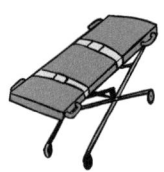

llitera
....
seteretšhara

termòmetre clínic
....
themometara ya bongaka

pariment
....
pelegi

sobrepès
....
bokima jwa mmele

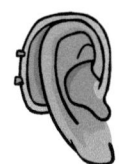

aparell auditiu
sedirisiwa sa go thusa go utlwa

desinfectant
sesireletsa dintho

infecció
tshwaetso

virus
mogare

VIH / SIDA
HIV / AIDS

medicina
melemo

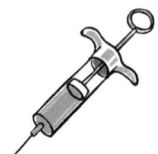

vaccí
mokento

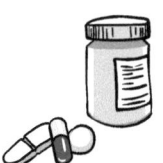

comprimits
thabolete

píl·lola
pilisi

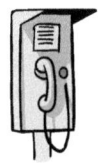

trucada d'urgència
mogala wa tshoganyetso

tensiòmetre
motšhini wa go ela tlhoko kgatelelo ya madi

malalt / sà
lwala / itekanetse

hospital - sepetlele

Socors!
....
Thusa!

alarma
....
alamo

assalt
....
tshotlako

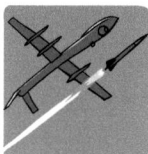

atac
....
tlhasela

perill
....
kotsi

sortida-eixida d'urgència
....
kgoro ya tshoganyetso

Foc!
....
Molelo!

extintor
....
setima moleleo

accident
....
kotsi

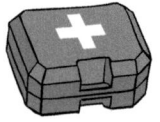

farmaciola de primers
auxilis
....
khiti ya go thusa ka
dikgobalo

SOS
....
SOS

policia
....
lepodisi

Europa

Yuropa

Amèrica del Nord

Bokone jwa Amerika

Amèrica del Sud

Borwa jwa Amerika

Àfrica

Aforika

Àsia

Asia

Austràlia

Australia

Atlàntic

Atlantic

Pacífic

Pacific

Oceà Índic

Lewatle la India

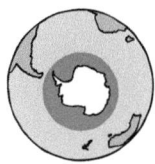

Oceà Antàrtic

Lewatle la Antarctic

Oceà Àrtic

Lewatle la Arctic

pol nord

Bokone

pol sud

Borwa

Antàrtida

Antartica

terra

Lefatshe

país

lefatshe

mar

lewatle

illa

losi lwa lewatle

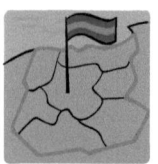

nació

lotso

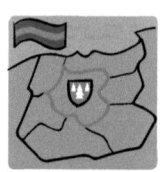

estat

boemo

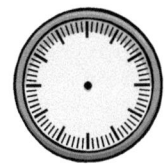

quadrant

lentle la tshupanako

agulla de les hores

letsogo la ura

agulla dels minuts

letsogo la metsotso

agulla dels segons

letsogo la metsotswana

Quina hora és?

ke nako mang?

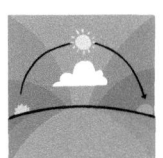

dia

letsatsi

temps

nako

ara

go ne jaanong

rellotge digital

tshupanako ya dijithale

minut

metsotso

hora

ura

setmana

beke

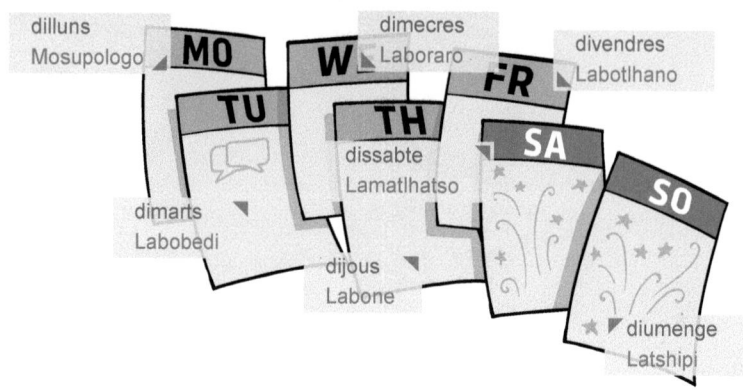

dilluns
Mosupologo

dimarts
Labobedi

dimecres
Laboraro

dijous
Labone

divendres
Labotlhano

dissabte
Lamatlhatso

diumenge
Latshipi

ahir
....
maabane

avui
....
gompieno

demà
....
kamoso

matí
....
moso

migdia
....
thapama

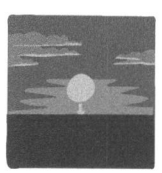

tarda
....
maitseboa

MO	TU	WE	TH	FR	SA	SU
1	2	3	4	5	6	7
8	9	10	11	12	13	14
15	16	17	18	19	20	21
22	23	24	25	26	27	28
29	30	31	1	2	3	4

dia feiner
....
malatsi a tiro

MO	TU	WE	TH	FR	SA	SU
1	2	3	4	5	6	7
8	9	10	11	12	13	14
15	16	17	18	19	20	21
22	23	24	25	26	27	28
29	30	31	1	2	3	4

cap de setmana
....
mafelo a beke

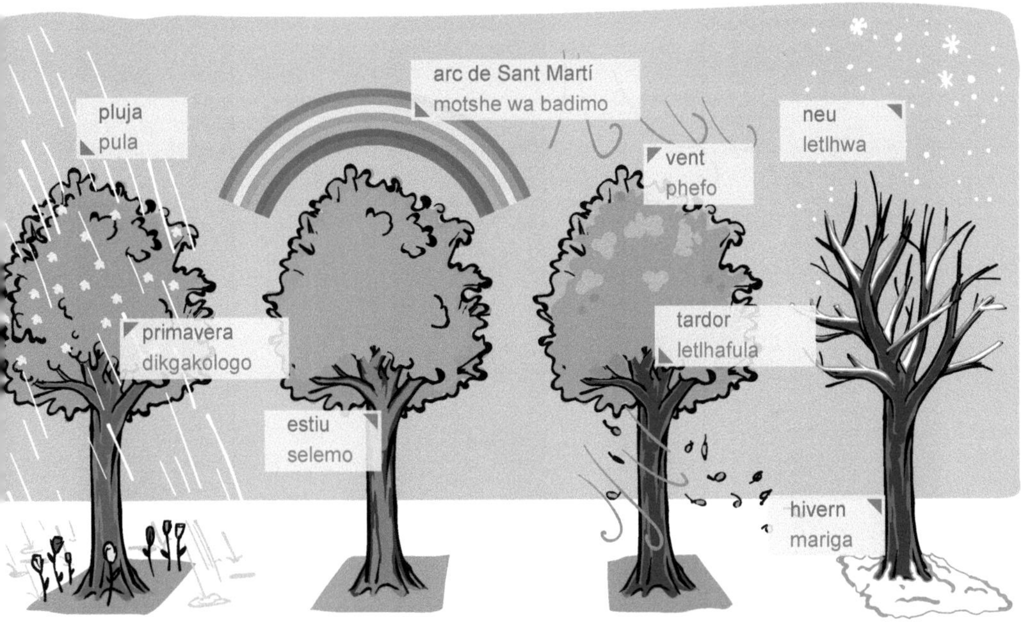

pluja
pula

arc de Sant Martí
motshe wa badimo

vent
phefo

neu
letlhwa

primavera
dikgakologo

tardor
letlhafula

estiu
selemo

hivern
mariga

4.APRIL	11°	☀
5.APRIL	4°	☁
6.APRIL	13°	🌧
7.APRIL	8°	☀
8.APRIL	10°	☀

pronòstic del temps
botsogo jwa loapi

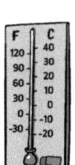

termòmetre
themomithara

llum del sol
letsatsi

núvol
leru

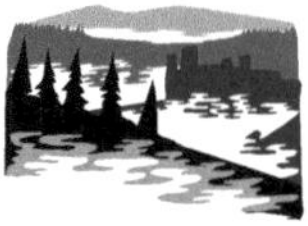

boira
mouwane

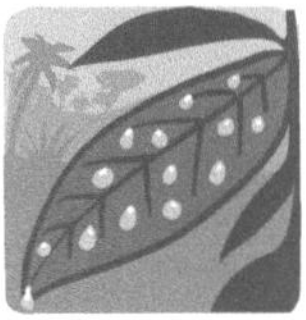

humiditat de l'aire
humidity

llamp
....
legadima

tro
....
modumo wa maru

tempesta
....
matsubutsubu

calamarsa
....
sefako

monsó
....
monsoon

inundació
....
morwalela

gel
....
aese

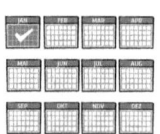

gener
....
Ferikgong

febrer
....
Tlhakole

març
....
Mopitlwe

abril
....
Moranang

maig
....
Motsheganong

juny
....
Seetebosigo

juliol
....
Phukwi

agost
....
Phatwe

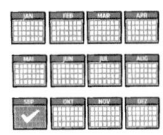

setembre
....
Lwetse

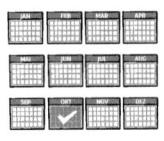

octubre
....
Diphalane

novembre
....
Ngwanaatsele

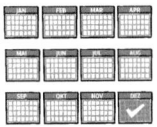

desembre
....
Sedimonthole

formes

dipopego

cercle
....
kgolokwe

quadrat
....
khutlonne

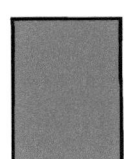

rectangle
....
khutlonnetsepa

triangle
....
khutlotharo

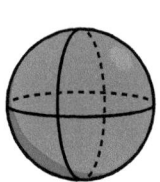

esfera
....
khutlo

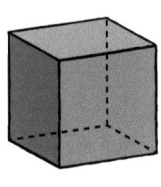

cub
....
khiubu

blanc

tshweu

groc

serolwana

taronja

mmala wa namune

rosa

pinki

vermell

khibidu

lila

bohibidu jo bo mokgona

blau

pududu

verd

tala

marró

tshetlha

gris

tshetlha

negre

ntsho

molt / poc

go le gontsi / go nnye

emprenyat / tranquil

go kwata / go ritibala

bonic / lleig

montle / maswe

començament / fi

tshimologo / bofelo

gran / petit

tonna / nnyane

clar / fosc

lesedi / lefifi

germà / germana

abuti / ausi

net / brut

phepa / leswe

complet / incomplet

feletse / go sa felela

dia / nit

motshegare / bosigo

mort / viu

o sule / o a tshela

ample / estret

bophara / tshesane

comestible / immenjable

ya jega / ga e jege

dolent / amable

bosula / molemo

entusiasmat / entediat

go itumela thata / go se itumele

gros / prim

nonne / tshesane

primer / darrer

ntlha / bofelo

amic / enemic

tsala / sera

ple / buit

tletse / lolea

dur / tou

thata / bonolo

pesant / lleuger

bokete / motlhofo

gana / set

tlala / lenyora

malalt / sà

lwala / itekanetse

il·legal / legal

dumelesega / dumeletswe

intel·ligent / ximple

botlhale / sematla

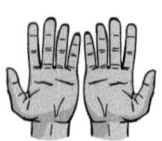

esquerra / dreta

molema / moja

prop / llunyà

gaufi / kgakala

nou / usat

sesha / ya kgale

res / quelcom

sepe / sengwe

vell / jove

mogolo / mosha

encès / apagat

tsenya / tima

obert / tancat

bula / tswetswe

silenciós / sorollós

tidimalo / modumo

ric / pobre

khumo / lehuma

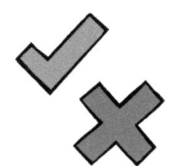

correcte / incorrecte

siame / phoso

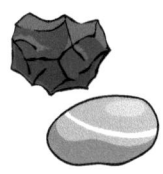

aspre / suau

ditlhotlhori / borethe

trist / content

hutsafetse / itumetse

curt / llarg

khutshwane / telele

lent / ràpid

bonya / bonako

humit / sec - eixut

metsi / omile

calent / fred

mololo / tsididi

guerra / pau

ntwa / kagiso

oposats - ganetsa

0

zero

lefela

1

u

nngwe

2

dos

pedi

3

tres

tharo

4

quatre

nne

5

cinc

tlhano

6

sis

thataro

7

set

supa

8

vuit

robedi

9

nou

robonngwe

10

deu

lesome

11

onze

some nngwe

12

dotze

some pedi

13

tretze

some tharo

14

catorze

some nne

15

quinze

some tlhano

16

setze

some thataro

17

disset

some supa

18

divuit

some robedi

19

dinou

some robonngwe

20

vint

masomamabedi

100

cent

lekgolo

1.000

mil

sekete

1.000.000

milió

milione

anglès

Sejatlhapi

anglès americà

Sejatlhapi sa Amerika

xinès mandarí

se-China

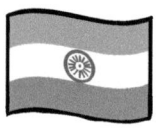

hindi

se-Hindi

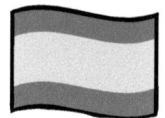

espanyol

se-Spanish

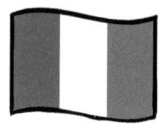

francès

se-For a

àrab

se-Araba

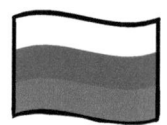

rus

se-Russia

portuguès

se-Potokisi

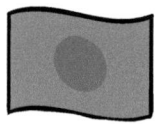

bengalí

se-Bengali

alemany

se-Jeremane

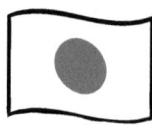

japonès

se-Japane

jo

Nna

tu

wena

ell / ella / allò

ene / ene / sone

nosaltres

re

vosaltres

wena

ells

bone

qui?

mang?

què?

eng?

com?

jang?

on?

kae?

quan?

leng?

nom

leina

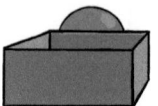

darrere

mo morago

en

mo

davant de

fa pele ga

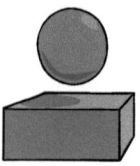

damunt

godimo

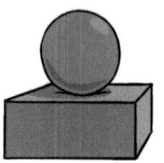

sobre

mo

sota

fa tlase

al costat

mo thoko

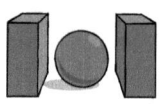

entre

magareng

lloc

lefelo